Impressum
Verlag: BABADADA GmbH, Nedderfeld 112 , 22529 Hamburg
Geschäftsführer / Verlagsleitung: Harald Hof
Druck: Books on Demand GmbH, In de Tarpen 42, 22848 Norderstedt

Imprint
Publisher: BABADADA GmbH, Nedderfeld 112 , 22529 Hamburg, Germany
Managing Director / Publishing direction: Harald Hof
Print: Books on Demand GmbH, In de Tarpen 42, 22848 Norderstedt, Germany

škola

kool

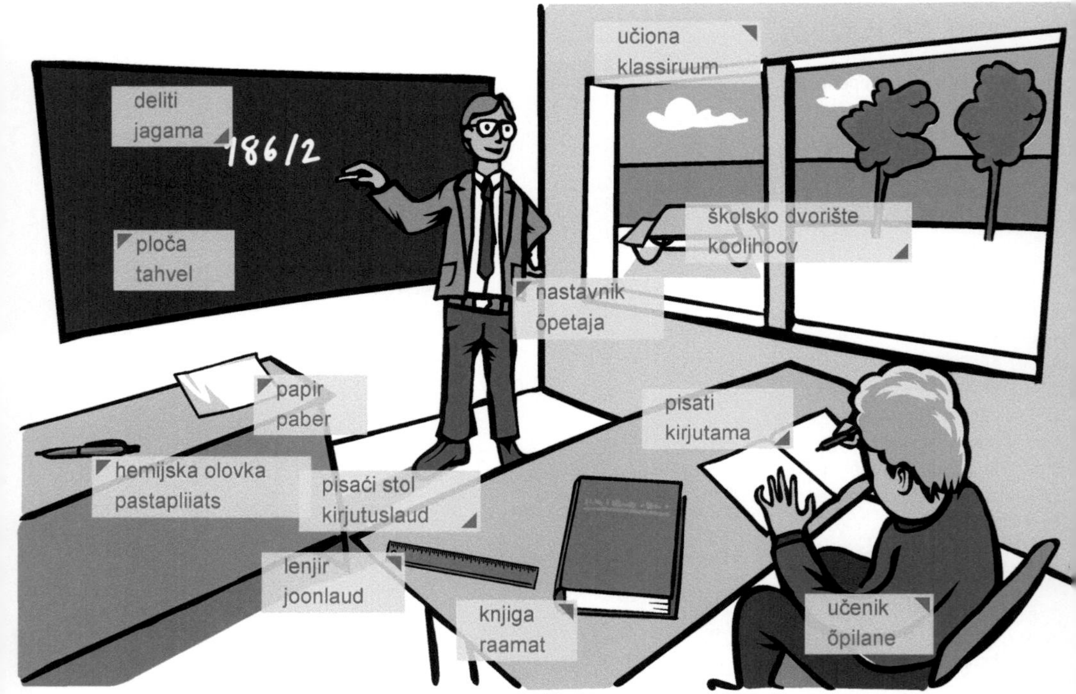

učiona
klassiruum
deliti
jagama
186/2
ploča
tahvel
školsko dvorište
koolihoov
nastavnik
õpetaja
papir
paber
pisati
kirjutama
hemijska olovka
pastapliiats
pisaći stol
kirjutuslaud
lenjir
joonlaud
knjiga
raamat
učenik
õpilane

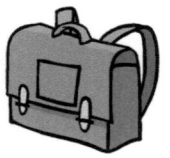

torba

koolikott

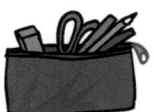

pernica

pinal

grafitna olovka

harilik pliiats

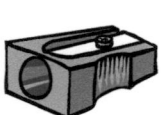

šiljilo za olovke

pliiatsiteritaja

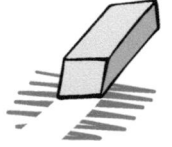

gumica za brisanje

kustukumm

blok za crtanje

joonistusplokk

crtež
joonistus

kist
pintsel

kutija sa bojama
värvikarp

makaze
käärid

lepilo
liim

beležnica
töövihik

domaći zadatak
kodutöö

12

broj
number

2+2

sabirati
liitma

5-2

oduzimati
lahutama

2×2

množiti
korrutama

računati
arvutama

A

slovo
täht

ABCDEFG
HIJKLMN
OPQRSTU
VWXYZ

abeceda
tähestik

reč
sõna

tekst

tekst

čitati

lugema

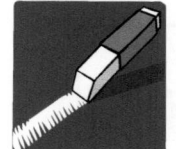

kreda

kriit

čas

koolitund

dnevnik

klassipäevik

ispit

eksam

svedočanstvo

tunnistus

školska uniforma

koolivorm

obrazovanje

haridus

leksikon

entsüklopeedia

univerzitet

ülikool

mikroskop

mikroskoop

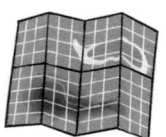

karta

kaart

košara za papir

paberikorv

putovanje
reisimine

hotel
hotell
prenoćište
hostel
ROOMS
Grand
EXCHANGE
menjačnica
valuutavahetuspunkt
kofer
kohver
auto
auto

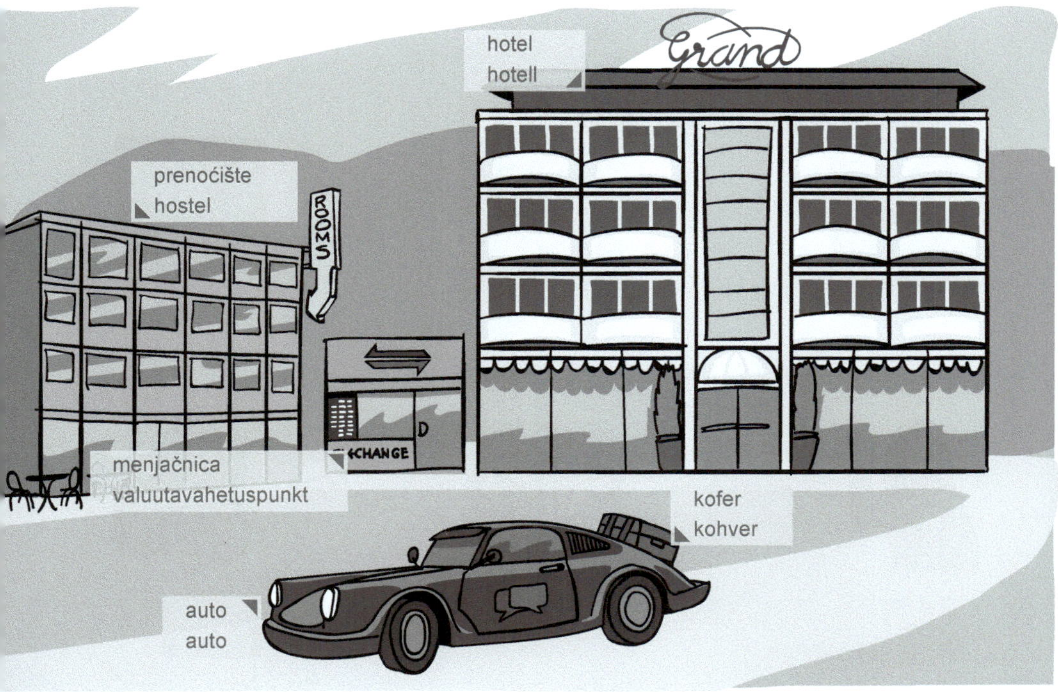

jezik

keel

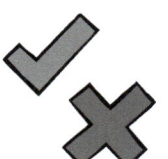

da / ne

jah / ei

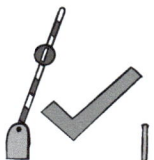

okej

okei

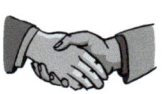

zdravo

Tere!

prevodilac

tõlk

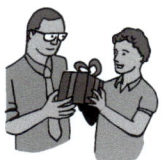

hvala

Aitäh!

Koliko košta...?

Kui palju maksab ...?

ne razumem

Ma ei saa aru

problem

probleem

dobro veče!

Tere õhtust!

Dobro jutro!

Tere hommikust!

Laku noć!

Head ööd!

doviđenja

Head aega!

smer

suund

prtljaga

pagas

torba

kott

ruksak

seljakott

gost

külaline

soba

tuba

vreća za spavanje

magamiskott

šator

telk

turističke informacije

turismiinfo

plaža

rand

kreditna kartica

krediitkaart

doručak

hommikusöök

ručak

lõunasöök

večera

õhtusöök

karta za vožnju

pilet

lift

lift

poštanska markica

postmark

granica

riigipiir

carina

toll

ambasada

saatkond

viza

viisa

pasoš

pass

transport

transport

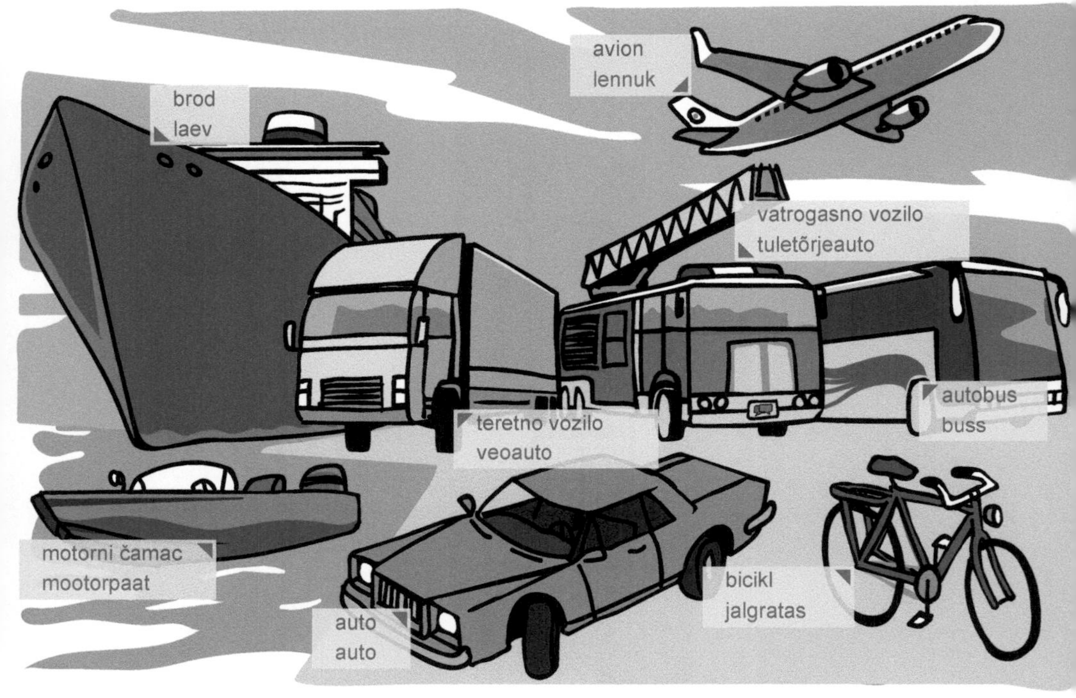

avion
lennuk
brod
laev
vatrogasno vozilo
tuletõrjeauto
autobus
buss
teretno vozilo
veoauto
motorni čamac
mootorpaat
bicikl
jalgratas
auto
auto

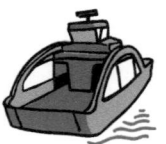

trajekt

praam

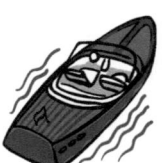

čamac

paat

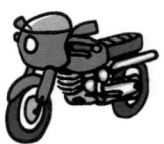

motocikl

mootorratas

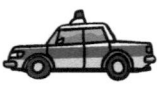

policijski auto

politseiauto

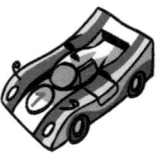

trkaći auto

võidusõiduauto

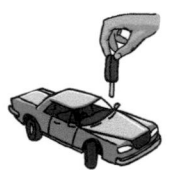

iznajmljeno auto

rendiauto

delenje automobila

ühisauto

vučno vozilo

puksiirauto

vozilo za odvoz smeća

prügiauto

motor

mootor

benzin

kütus

benzinska stanica

tankla

saobraćajni znak

liiklusmärk

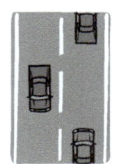

saobraćaj

liiklus

zastoj

liiklusummik

parkiralište

parkla

železnička stanica

raudteejaam

šine

rööpad

voz

rong

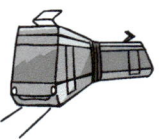

tramvaj

tramm

vagon

vagun

helikopter
helikopter

aerodrom
lennujaam

kula
torn

putnik
reisija

kontejner
konteiner

karton
pappkast

kolica
käru

korpa
korv

uzleteti / sleteti
õhku tõusma / maanduma

grad
linn

selo
küla

centar grada
kesklinn

kuća
maja

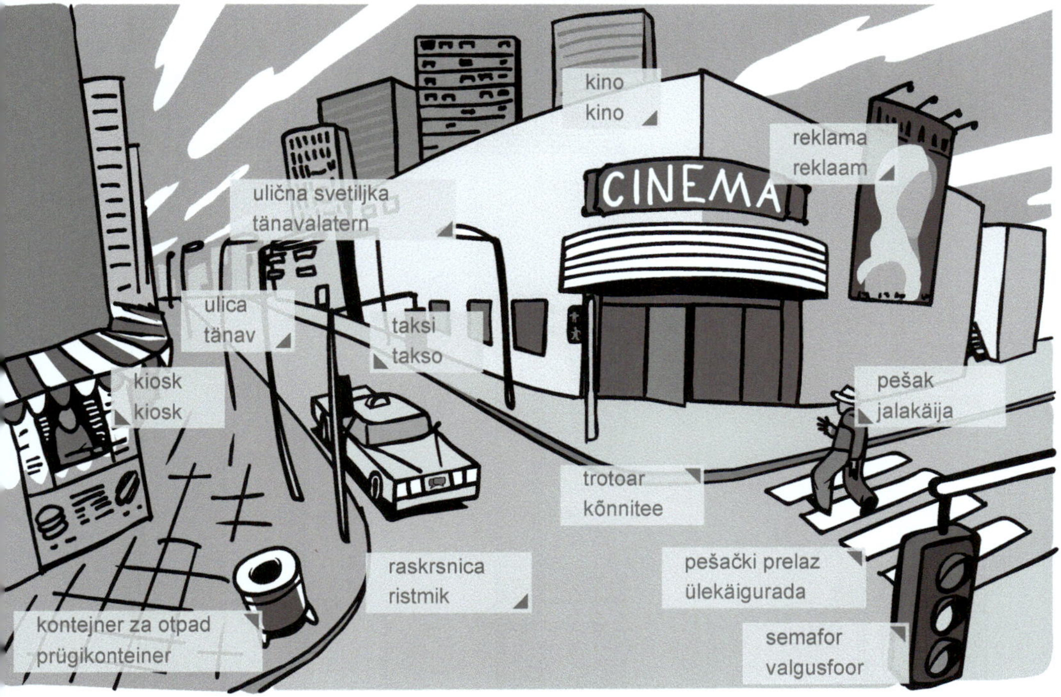

kino
kino

reklama
reklaam

CINEMA

ulična svetiljka
tänavalatern

ulica
tänav

taksi
takso

pešak
jalakäija

kiosk
kiosk

trotoar
kõnnitee

raskrsnica
ristmik

pešački prelaz
ülekäigurada

kontejner za otpad
prügikonteiner

semafor
valgusfoor

koliba
osmik

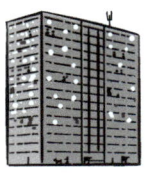

stan
kortermaja

železnička stanica
raudteejaam

većnica
raekoda

muzej
muuseum

škola
kool

grad - linn

univerzitet

ülikool

banka

pank

bolnica

haigla

hotel

hotell

apoteka

apteek

kancelarija

kontor

knjižara

raamatupood

prodavnica

kauplus

cvećara

lillepood

supermarket

supermarket

trg

turg

robna kuća

kaubamaja

ribarnica

kalapood

trgovački centar

kaubanduskeskus

luka

sadam

park

park

klupa

pink

most

sild

stepenice

trepp

podzemna željeznica

metroo

tunel

tunnel

autobuska stanica

bussipeatus

bar

baar

restoran

restoran

poštansko sanduče

postkast

ulični znak

tänavasilt

parkirni automat

parkimisautomaat

zoološki vrt

loomaaed

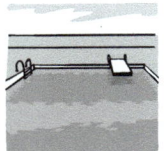

bazen

ujula

džamija

mošee

grad - linn

seosko gazdinstvo
....
talu

zagađenje okoline
....
reostus

groblje
....
surnuaed

crkva
....
kirik

igralište
....
mänguväljak

hram
....
tempel

pejsaž

maastik

list
leht

putokaz
teeviit

put
tee

livada
aas

kamen
kivi

drvo
puu

šetač
matkaja

reka
jõgi

trava
rohi

cvijet
lill

dolina

org

planina

mägi

jezero

järv

šuma

mets

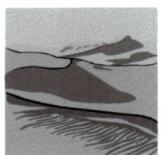

pustinja

kõrb

vulkan

vulkaan

dvorac

linnus

duga

vikerkaar

gljiva

seen

palma

palm

moskito

sääsk

muva

kärbes

mrav

sipelgas

pčela

mesilane

pauk

ämblik

buba

mardikas

žaba

konn

veverica

orav

jež

siil

zec

jänes

sova

öökull

ptica

lind

labud

luik

divlja svinja

metssiga

jelen

hirv

los

põder

nasip

pais

vetrenjača

tuuleturbiin

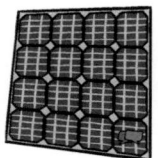

solarna ploča

päikesepaneel

klima

kliima

restoran

restoran

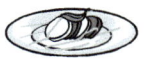

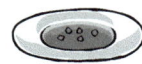

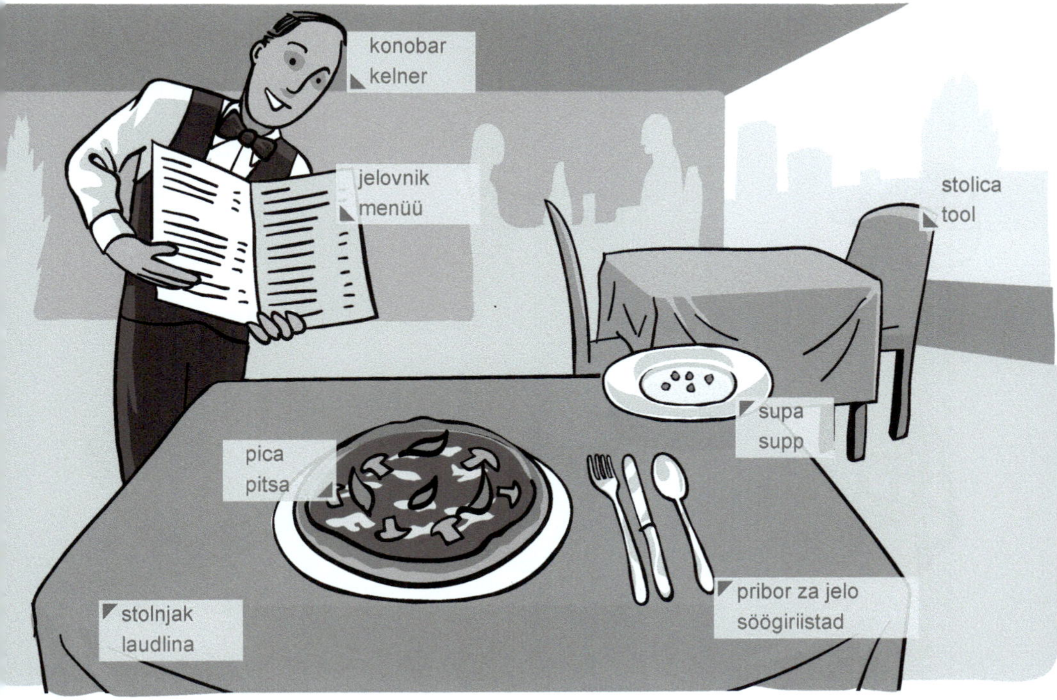

konobar
kelner
jelovnik
menüü
stolica
tool
supa
supp
pica
pitsa
pribor za jelo
söögiriistad
stolnjak
laudlina

predjelo

eelroog

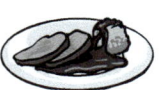

glavno jelo

pearoog

desert

magustoit

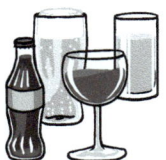

napitci

joogid

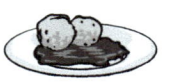

jelo

toit

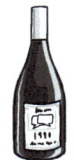

flaša

pudel

brza hrana

kiirtoit

imbis hrana

tänavatoit

čajnik

teekann

doza za šećer

suhkrutoos

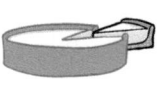

porcija

portsjon

aparat za espresso

espressomasin

visoka stolica

lastetool

račun

arve

poslužavnik

kandik

nož

nuga

viljuška

kahvel

kašika

lusikas

čajna kašika

teelusikas

salveta

salvrätik

čaša

klaas

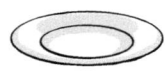

tanjir
taldrik

tanjir za supu
supitaldrik

tanjirić
alustass

sos
kaste

soljenka
soolatoos

mlin za biber
pipraveski

sirće
äädikas

ulje
õli

začini
vürtsid

kečap
ketšup

senf
sinep

majoneza
majonees

supermarket
supermarket

ponuda
eripakkumine
kupac
klient
FOR
mlečni proizvodi
piimatooted
voće
puuviljad
kolica za kupovinu
ostukäru

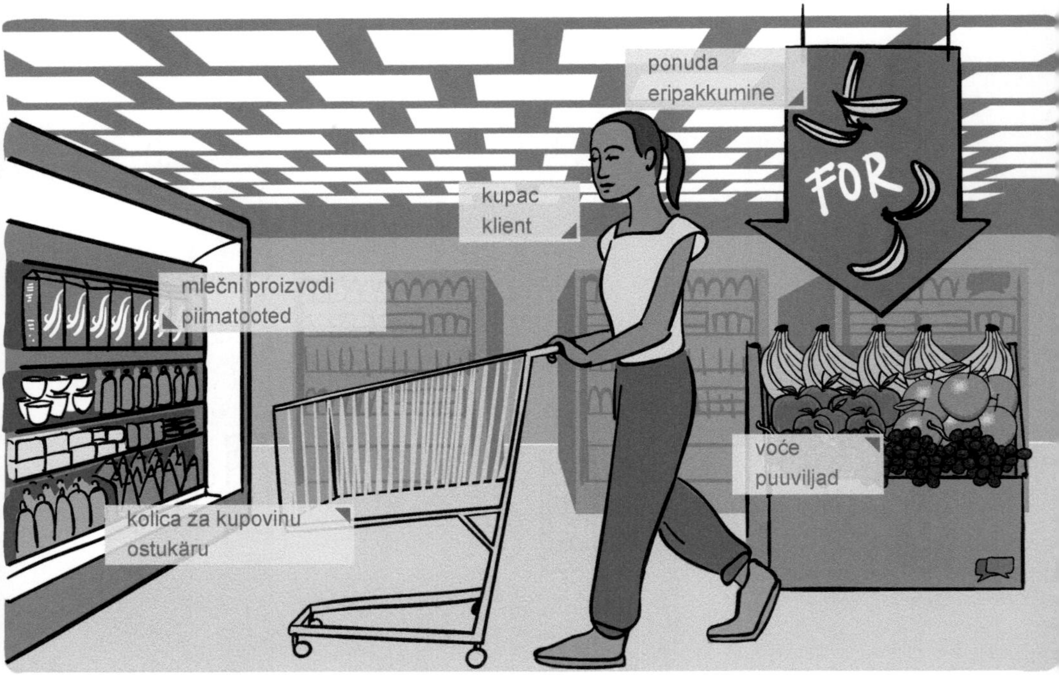

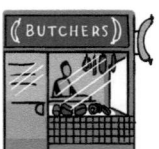

BUTCHERS

mesnica

lihapood

BAKERY

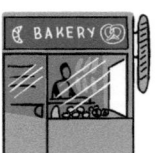

pekara

pagariäri

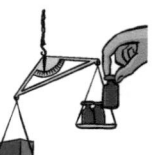

vagati

kaaluma

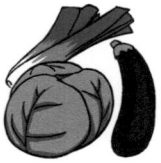

povrće

köögiviljad

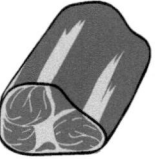

meso

liha

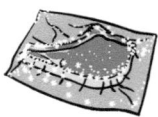

smrznuta hrana

külmutatud toit

narezak
lihalõigud

konzerve
konservid

sredstvo za pranje
pesupulber

slatkiši
maiustused

artikli za domaćinstvo
majatarbed

sredstva za čišćenje
puhastustooted

prodavačica
müüja

blagajna
kassaaparaat

blagajnik
kassapidaja

lista za kupovinu
ostunimekiri

vreme rada
lahtiolekuajad

novčanik
rahakott

kreditna kartica
krediitkaart

torba
kott

plastična kesa
kilekott

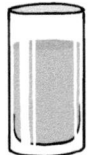

voda

vesi

sok

mahl

mleko

piim

kola

koola

vino

vein

pivo

õlu

alkohol

alkohol

kakao

kakao

čaj

tee

kava

kohv

espresso

espresso

cappuccino

cappuccino

banana

banaan

jabuka

õun

narandža

apelsin

lubenica

arbuus

limun

sidrun

šargarepa

porgand

beli luk

küüslauk

bambus

bambus

luk

sibul

gljiva

seen

orašasti plodovi

pähklid

rezanci

nuudlid

špagete

spagetid

riža

riis

salata

salat

pomfrit

friikartulid

pečeni krumpir

praekartulid

pica

pitsa

hamburger

hamburger

sendvič

võileib

šnicla

šnitsel

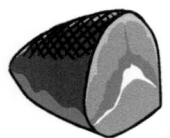

šunka

sink

salama

salaami

kobasica

vorst

kokoš

kana

pečenje

praeliha

riba

kala

zobene pahuljice

kaerahelbed

musli

müsli

kukuruzne pahuljice

maisihelbed

brašno

jahu

kroasan

sarvesai

pecivo

kukkel

hleb

leib

toast

röstsai

keksi

küpsised

maslac

või

sveži sir

kohupiim

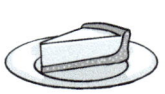

kolač

kook

jaje

muna

jaje na oko

praemuna

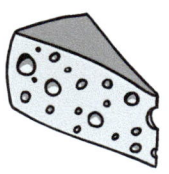

sir

juust

sladoled
jäätis

šećer
suhkur

med
mesi

marmelada
moos

nugat krema
pähklivõie

kari
karri

seosko gazdinstvo

talu

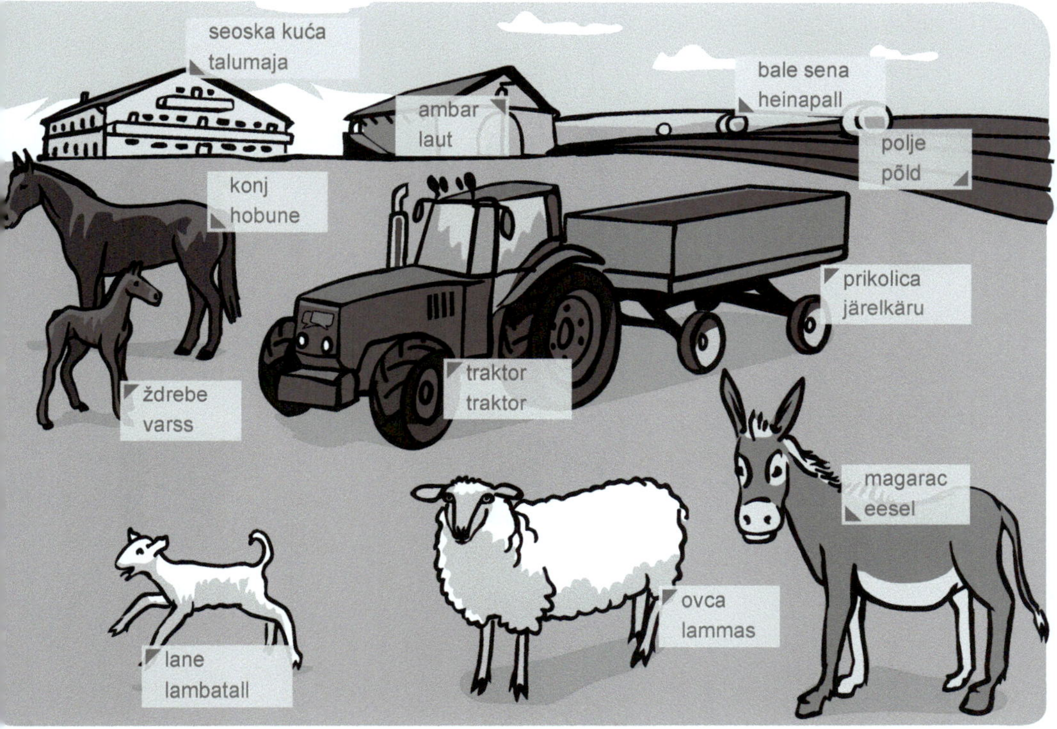

seoska kuća
talumaja
ambar
laut
bale sena
heinapall
polje
põld
konj
hobune
prikolica
järelkäru
traktor
traktor
ždrebe
varss
magarac
eesel
ovca
lammas
lane
lambatall

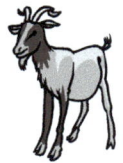

koza

kits

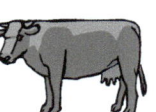

krava

lehm

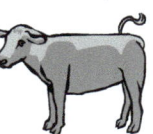

tele

vasikas

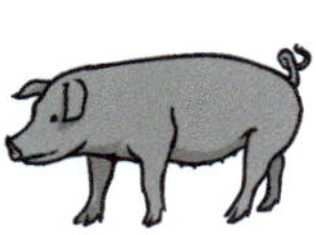

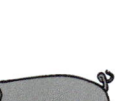

svinja

siga

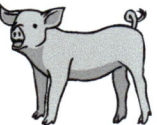

prase

põrsas

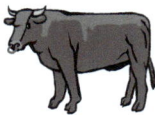

bik

pull

guska

hani

patka

part

pilići

tibu

kokoš

kana

petao

kukk

pacov

rott

mačka

kass

miš

hiir

vol

härg

pas

koer

kućica za psa

koerakuut

vrtno crevo

aiavoolik

kanta za polivanje

kastekann

kosa

vikat

plug

ader

srp
sirp

motika
kõblas

viljuška za đubrivo
hang

sekira
kirves

tačke
käru

korito
küna

posuda za mleko
piimanõu

vreća
kott

ograda
tara

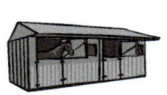

štala
tall

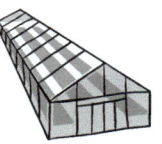

staklenik
kasvuhoone

zemlja
muld

seme
seeme

đubrivo
väetis

kombajn
kombain

žeti

saaki koristama

žetva

saagikoristus

jams začin

jamss

pšenica

nisu

soja

soja

krumpir

kartul

kukuruz

mais

uljana repica

raps

voćka

viljapuu

gomolj manioke

maniokk

žitarice

teravili

kuća
maja

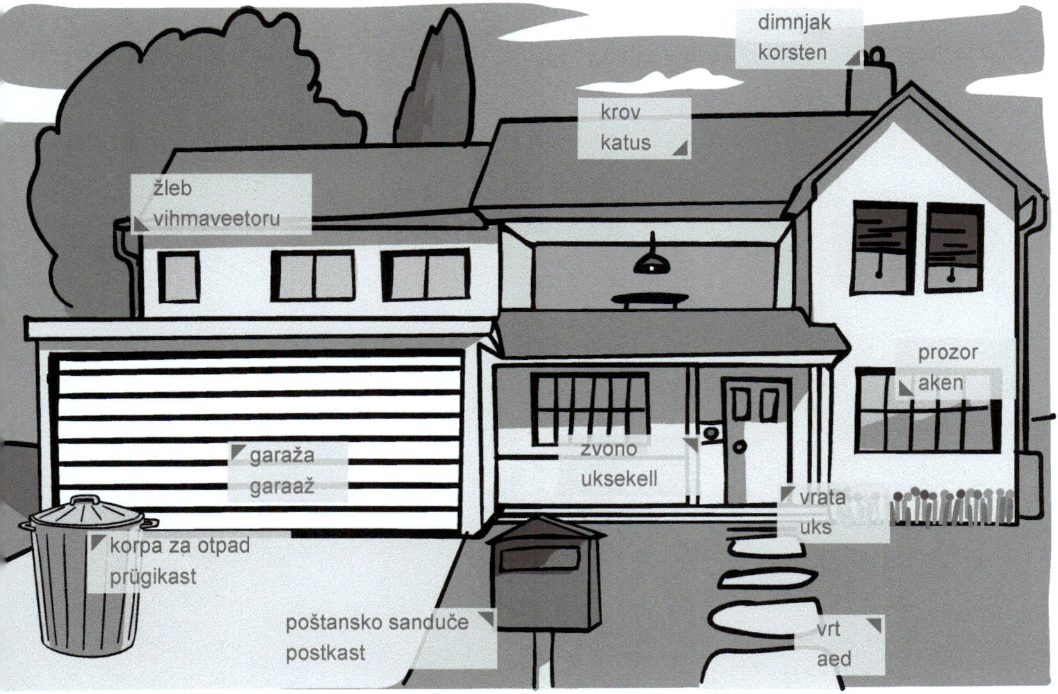

dimnjak
korsten
krov
katus
žleb
vihmaveetoru
prozor
aken
garaža
garaaž
zvono
uksekell
vrata
uks
korpa za otpad
prügikast
poštansko sanduče
postkast
vrt
aed

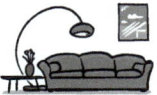

dnevna soba

elutuba

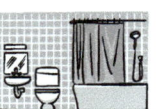

kupaonica

vannituba

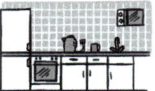

kuhinja

köök

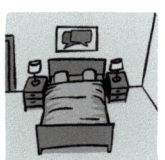

spavaća soba

magamistuba

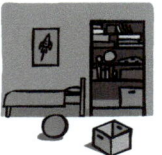

dečija soba

lastetuba

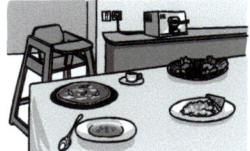

trpezarija

söögituba

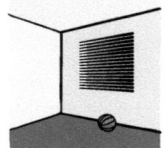

pod

põrand

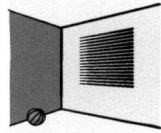

zid

sein

strop

lagi

podrum

kelder

sauna

saun

balkon

rõdu

terasa

terrass

bazen

bassein

kosilica za travu

muruniiduk

posteljina za krevet

voodilina

deka za krevet

päevatekk

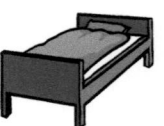

krevet

voodi

metla

luud

kanta

ämber

prekidač

lüliti

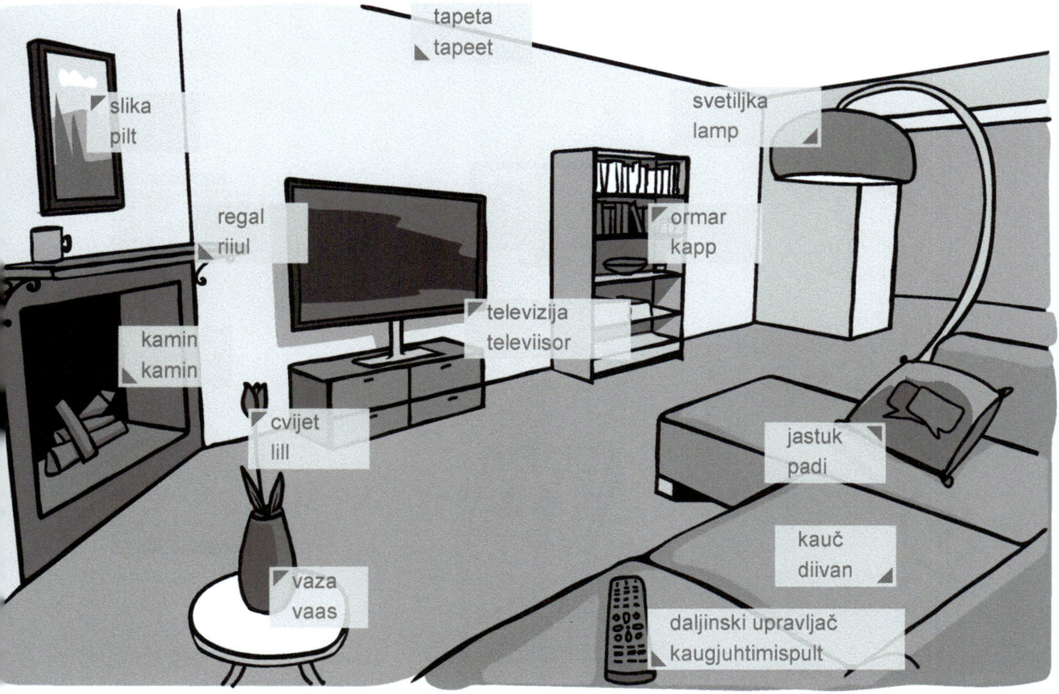

tapeta
tapeet

slika
pilt

svetiljka
lamp

regal
riiul

ormar
kapp

kamin
kamin

televizija
televiisor

jastuk
padi

cvijet
lill

kauč
diivan

vaza
vaas

daljinski upravljač
kaugjuhtimispult

tepih
vaip

zavesa
kardin

sto
laud

stolica
tool

stolica za njihanje
kiiktool

fotelja
tugitool

knjiga

raamat

deka

tekk

dekoracija

kaunistus

drvo za ogrev

küttepuud

film

film

hi-fi uređaj

helisüsteem

ključ

võti

novine

ajaleht

slika na platnu

maal

poster

plakat

radio

raadio

blok za pisanje

märkmik

usisivač

tolmuimeja

kaktus

kaktus

sveća

küünal

kuhinja
köök

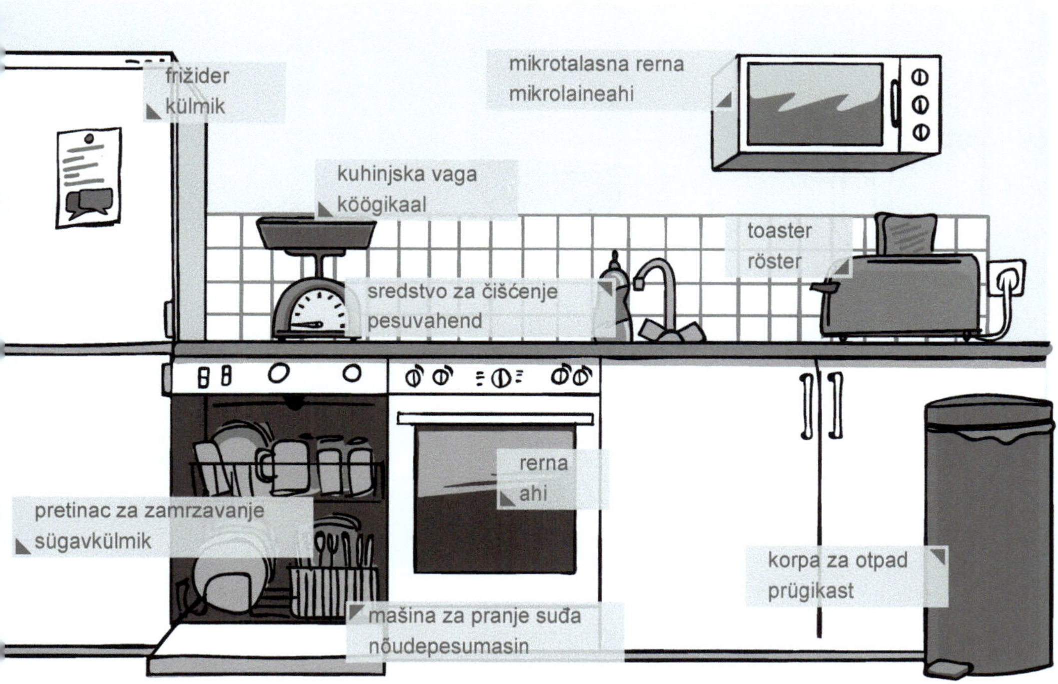
frižider
külmik
mikrotalasna rerna
mikrolaineahi
kuhinjska vaga
köögikaal
toaster
röster
sredstvo za čišćenje
pesuvahend
rerna
ahi
pretinac za zamrzavanje
sügavkülmik
korpa za otpad
prügikast
mašina za pranje suđa
nõudepesumasin

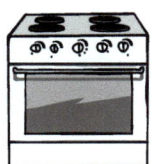

šporet

pliit

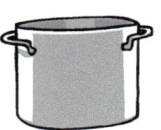

lonac

pott

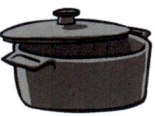

gvozdeni lonac

malmpott

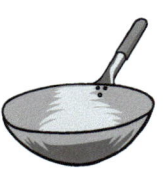

wok / kadai

vokkpann

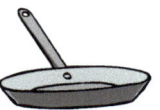

tava

pann

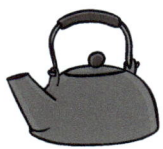

kuvalo za vodu

veekeetja

kuvalo na paru

aurutaja

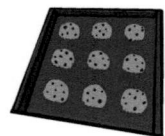

lim za pečenje

küpsetusplaat

posuđe

lauanõud

čaša

kruus

posuda

kauss

štapići za jelo

söögipulgad

kutlača

kulp

lopatica

pannilabidas

penjača

vispel

sito za kuvanje

kurn

sito

sõel

ribež

riiv

mužar

uhmer

roštilj

grill

ognjište

lahtine tuli

daska
lõikelaud

oklagija
tainarull

vadičep
korgitser

konzerva
konservipurk

otvarač konzervi
konserviavaja

krpa za lonac
pajakinnas

sudoper
kraanikauss

četka
hari

sunđer
pesukäsn

mikser
kannmikser

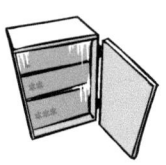

zamrzivač
sügavkülmuti

flašica za bebe
lutipudel

slavina za vodu
segisti

kupaonica
vannituba

grejanje
küte
tuš
dušš
peškir
käterätik
zavesa za tuš
dušikardin
penušava kupka
mullivann
kada
vann
čaša
klaas
mašina za pranje veša
pesumasin
slavina za vodu
segisti
pločice
plaadid
tuta
pissipott
sudoper
kraanikauss

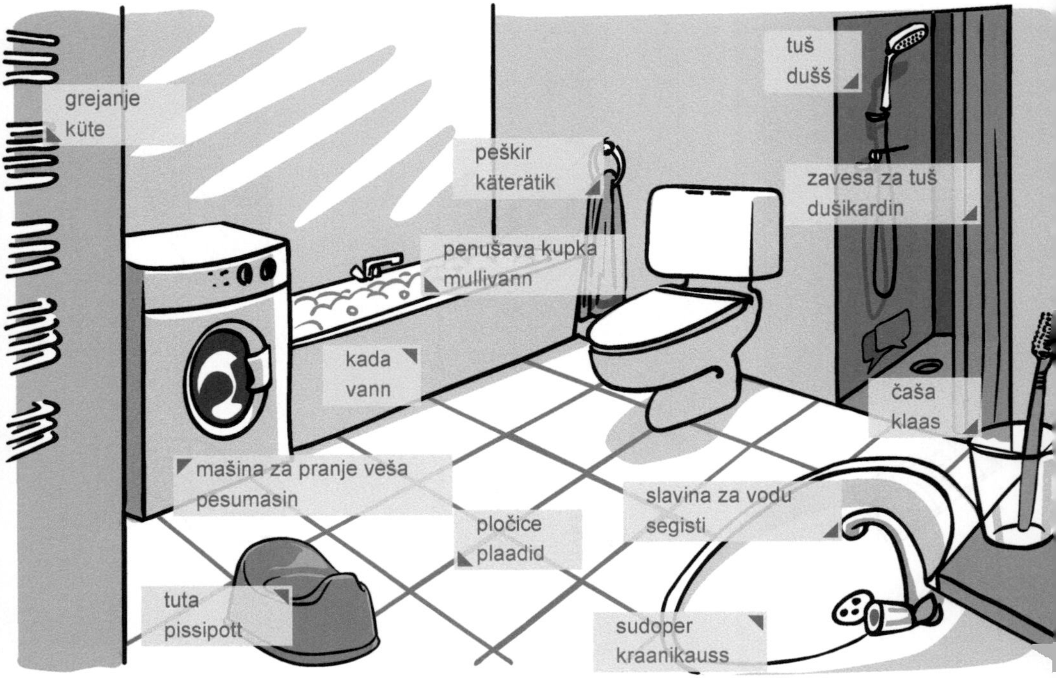

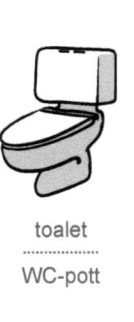

toalet

WC-pott

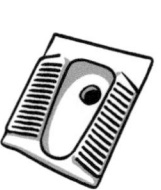

čučavac

kükitamistualett

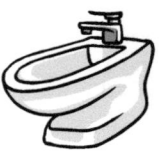

bidet

bidee

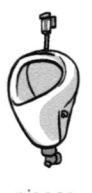

pisoar

pissuaar

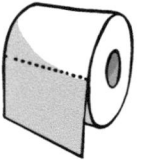

toaletni papir

tualettpaber

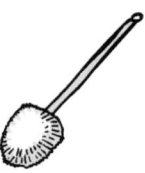

četka za toalet

WC-hari

četkica za zube

hambahari

pasta za zube

hambapasta

konac za zube

hambaniit

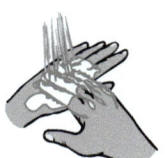
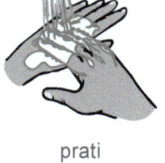

prati

pesema

tuš ručica

käsidušš

tuš za pranje intimnih delova

intiimdušš

lavor

pesukauss

četka za pranje leđa

seljahari

sapun

seep

gel za tuširanje

dušigeel

šampon

šampoon

krpa za pranje

vamm

odvod

äravool

krema

kreem

dezodorans

deodorant

ogledalo

peegel

kozmetičko ogledalo

käsipeegel

brijač

habemenuga

pena za brijanje

raseerimisvaht

losion za posle brijanja

habemevesi

češalj

kamm

četka

hari

fen za kosu

föön

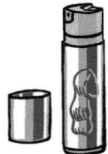

sprej za kosu

juukselakk

makeup

meigikomplekt

ruž za usne

huulepulk

lak za nokte

küünelakk

vata

vatt

makaze za nokte

küünekäärid

parfem

parfüüm

kozmetička torbica

tualett-tarvete kott

stolica

taburet

vaga

kaal

ogrtač

hommikumantel

rukavice za čišćenje

kummikindad

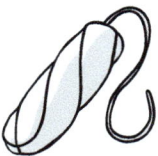

tampon

tampoon

uložak

hügieeniside

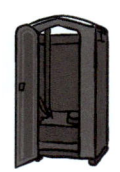

hemijski toalet

keemiline tualett

dečija soba
lastetuba

budilnik
äratuskell
plišana igračka
pehme mänguasi
auto igračka
mänguauto
zvečka
kõristi
kućica za lutke
nukumaja
poklon
kingitus

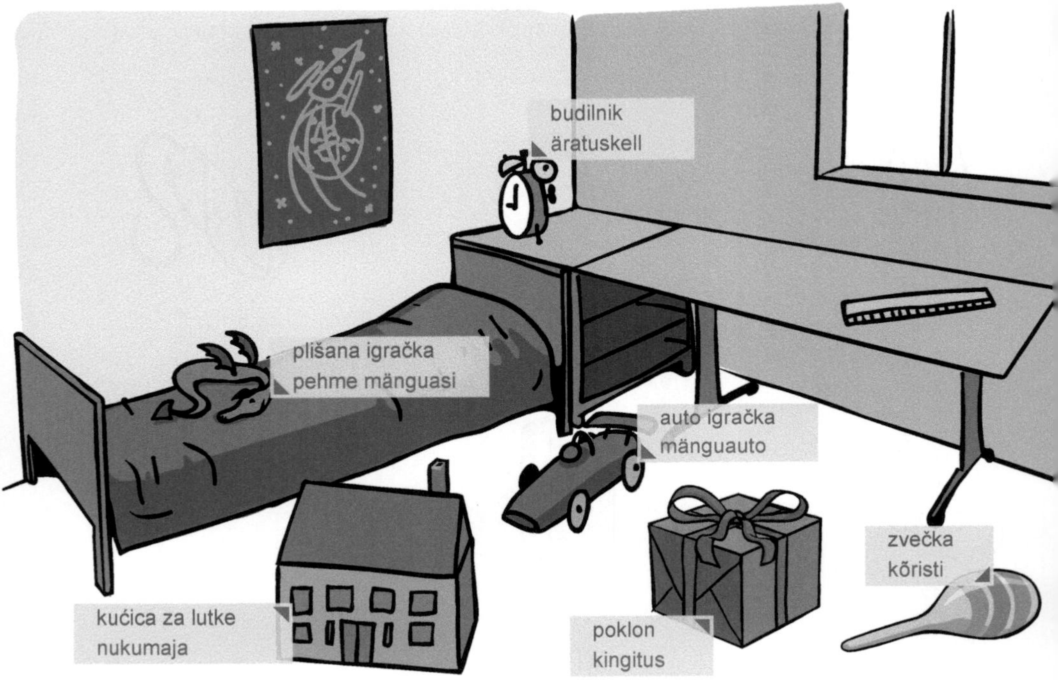

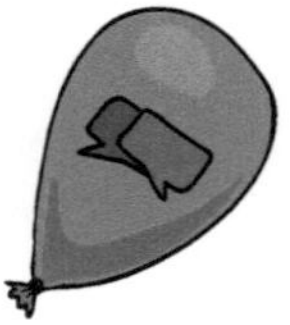

balon

õhupall

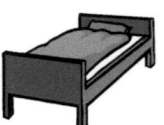

krevet

voodi

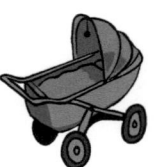

dječija kolica

lapsevanker

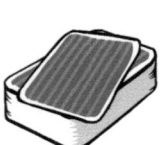

igra s kartama

kaardipakk

slagalica

pusle

SUPER
MEGA

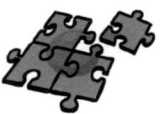

strip

koomiks

lego kockice

Lego klotsid

kockice za slaganje

klotsid

akcioni junak

kujuke

benkica za bebe

siputuspüksid

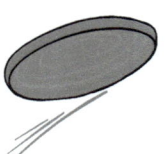

frizbi

lendav taldrik

viseće igračke

voodikarussell

društvene igre

lauamäng

kocka

täringud

minijaturna željeznica

mudelrong

duda

lutt

zabava

pidu

slikovnica

pildiraamat

lopta

pall

lutka

nukk

igrati

mängima

pješčanik

liivakast

ljuljačka

kiik

igračka

mänguasjad

konzola za igre

mängukonsool

tricikl

kolmerattaline jalgratas

tedi

mängukaru

ormar

riidekapp

odeća

riietus

kratke čarape

sokid

čarape

sukad

hulahopke

sukkpüksid

šal
sall

kaiš
vöö

kišobran
vihmavari

majica
T-särk

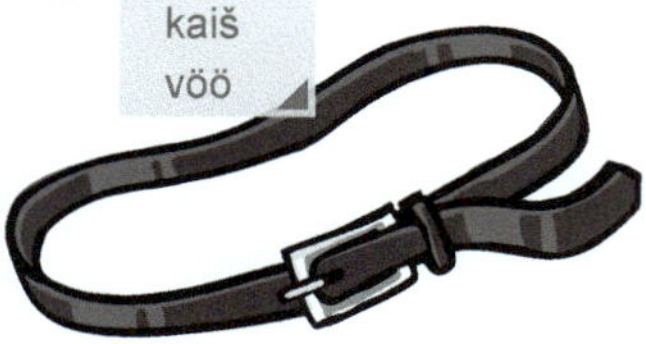

patike
tossud

čizme
saapad

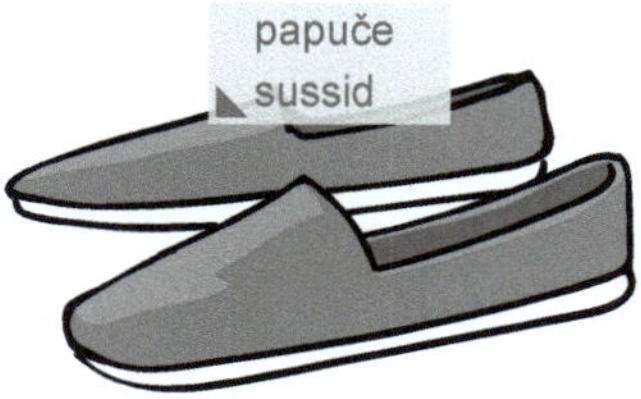

papuče
sussid

sandale
sandaalid

cipele
jalatsid

gumene čizme
kummikud

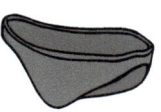

gaćice
aluspüksid

grudnjak
rinnahoidja

potkošulja
vest

bodi

bodi

pantalone

püksid

farmerke

teksapüksid

suknja

seelik

bluza

pluus

košulja

särk

džemper

sviiter

džemper s kapuljačom

dressipluus

sako

bleiser

jakna

jakk

kaput

mantel

kabanica

vihmamantel

kostim

kostüüm

haljina

kleit

venčanica

pulmakleit

odelo

ülikond

spavaćica

öösärk

pidžama

pidžaama

sari

sari

marama za glavu

pearätt

turban

turban

burka

burka

kaftan

kaftan

abaja

abayah

kupaći kostim

ujumistrikoo

kupaće gaćice

ujumispüksid

kratke pantalone

lühikesed püksid

odeća za trening

dressid

kecelja

põll

rukavice

kindad

dugme

nööp

naočare

prillid

narukvica

käevõru

ogrlica

kaelakee

prsten

sõrmus

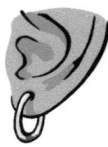

naušnica

kõrvarõngas

kapa

nokamüts

vešalica

riidepuu

šešir

kaabu

kravata

lips

patent zatvarač

tõmblukk

kaciga

kiiver

naramenice

traksid

školska uniforma

koolivorm

uniforma

vormirõivad

podbradak
....
pudipõll

duda
....
lutt

pelena
....
mähe

kancelarija
kontor

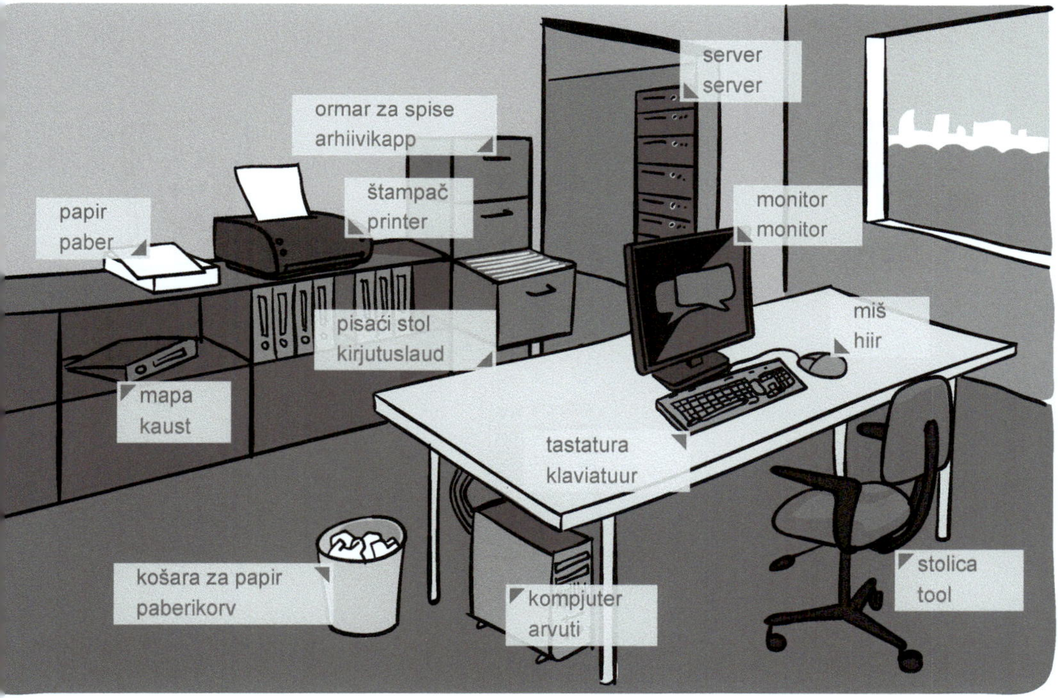

server
server

ormar za spise
arhiivikapp

štampač
printer

papir
paber

monitor
monitor

pisaći stol
kirjutuslaud

miš
hiir

mapa
kaust

tastatura
klaviatuur

košara za papir
paberikorv

stolica
tool

kompjuter
arvuti

šalica za kavu
....
kohvikruus

kalkulator
....
kalkulaator

internet
....
internet

laptop

sülearvuti

pismo

kiri

poruka

sõnum

mobilni telefon

mobiiltelefon

mreža

võrk

uređaj za kopiranje

koopiamasin

softver

tarkvara

telefon

telefon

utičnica

pistikupesa

faks

faksimasin

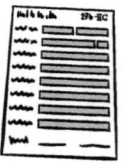

formular

vorm

dokument

dokument

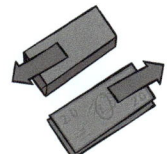

kupovati

ostma

platiti

maksma

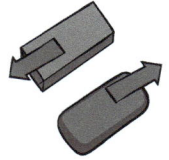

trgovati

vahetama

novac

raha

dolar

dollar

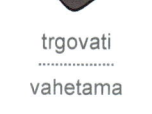

evro

euro

jen

jeen

rublja

rubla

švajcarski franak

Šveitsi frank

renmindbi juan

renminbi jüaan

rupija

ruupia

automat za novac

sularahaautomaat

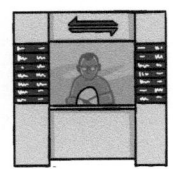

menjačnica

valuutavahetuspunkt

zlato

kuld

srebro

hõbe

nafta

nafta

energija

energia

cena

hind

ugovor

leping

porez

maks

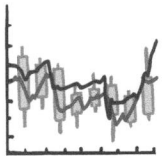

deonica

aktsia

raditi

töötama

službenik

töötaja

poslodavac

tööandja

fabrika

tehas

prodavnica

kauplus

zanimanja
ametid

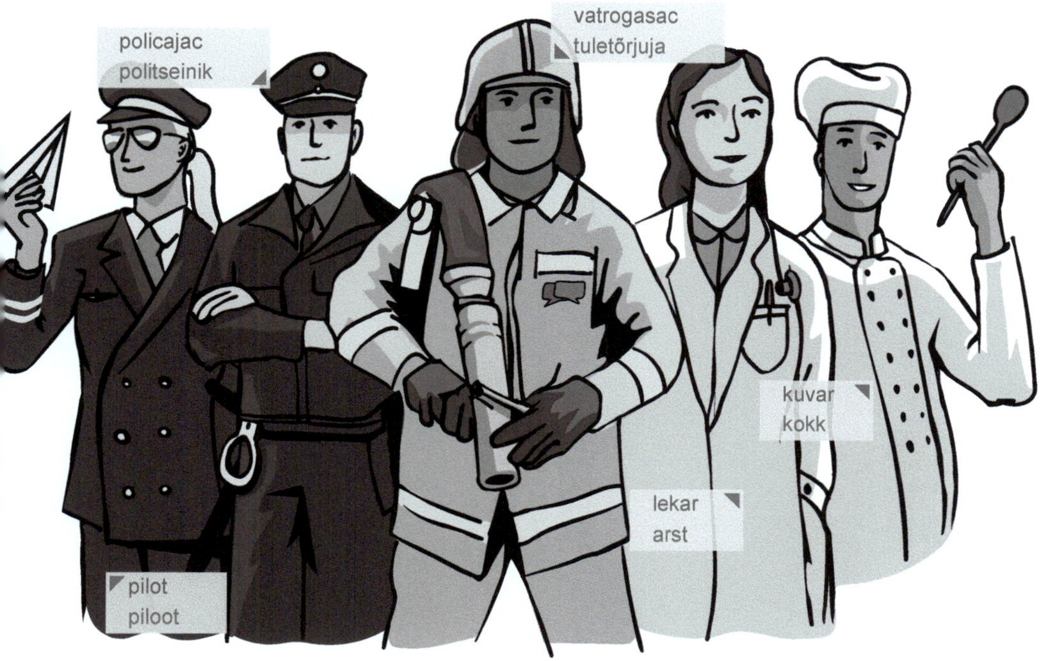

policajac
politseinik
vatrogasac
tuletõrjuja
kuvar
kokk
lekar
arst
pilot
piloot

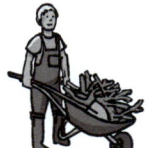

vrtlar

aednik

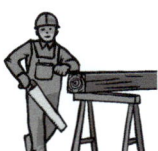

stolar

puusepp

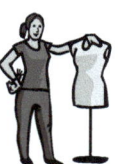

krojačica

õmbleja

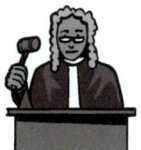

sudija

kohtunik

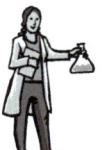

hemičar

keemik

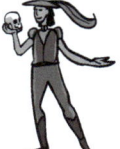

glumac

näitleja

vozač autobusa

bussijuht

vozač taksija

taksojuht

ribar

kalamees

čistačica

koristaja

krovopokrivač

katusepaigaldaja

konobar

kelner

lovac

jahimees

slikar

maaler

pekar

pagar

električar

elektrik

građevinski radnik

ehitaja

inženjer

insener

mesar

lihunik

limar

torumees

poštar

postiljon

vojnik

sõdur

arhitekta

arhitekt

blagajnik

kassapidaja

cvećar

lillemüüja

frizer

juuksur

kondukter

piletikontrolör

mehaničar

mehaanik

kapetan

kapten

zubar

hambaarst

naučnik

teadlane

rabi

rabi

imam

imaam

monah

munk

svećenik

preester

alati
tööriistad

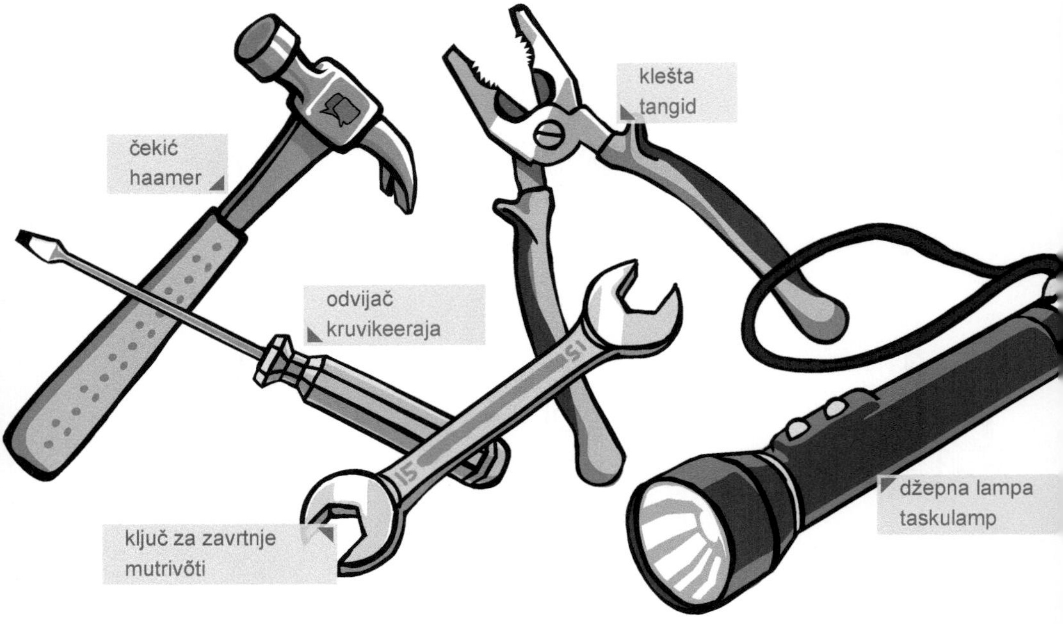

klešta
tangid
čekić
haamer
odvijač
kruvikeeraja
džepna lampa
taskulamp
ključ za zavrtnje
mutrivõti

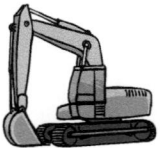

bager

ekskavaator

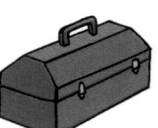

kutija za alat

tööriistakast

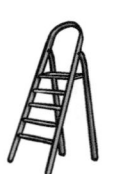

merdevine

redel

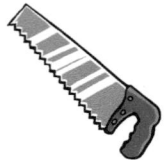

pila

saag

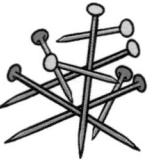

ekser

naelad

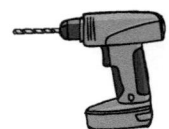

bušilica

trell

popraviti
parandama

lopata
labidas

do đavola!
Põrgusse!

lopatica
kühvel

lonac za boju
värvipott

zavrtanji
kruvid

muzički instrument
pillid

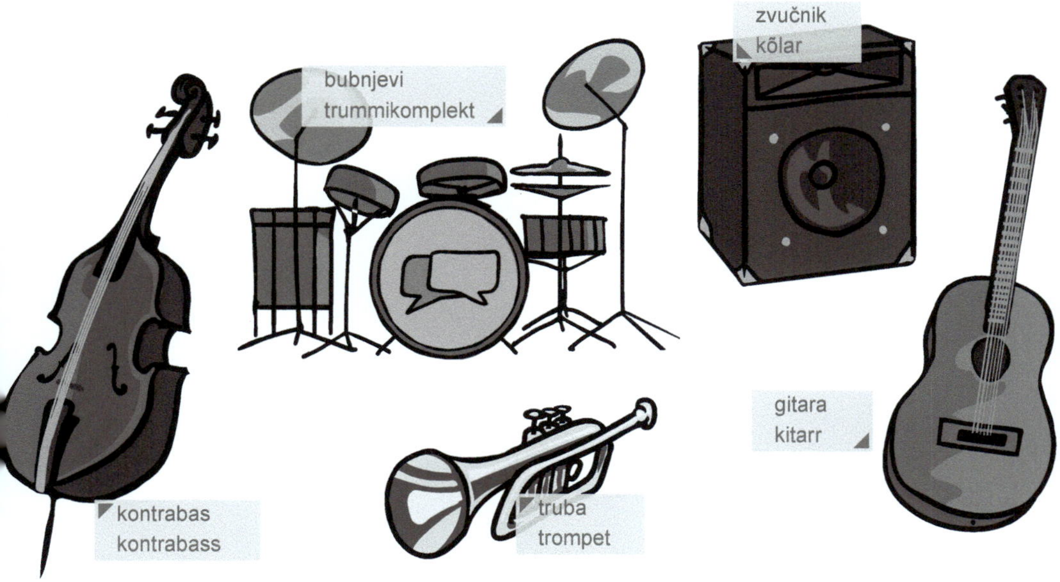

bubnjevi
trummikomplekt

zvučnik
kõlar

kontrabas
kontrabass

truba
trompet

gitara
kitarr

klavir

klaver

violina

viiul

bas

bass

timpani

timpan

udaraljke za bubnjeve

trummid

tipke klavira

süntesaator

saksofon

saksofon

flauta

flööt

mikrofon

mikrofon

tigar
tiiger

ulaz
sissepääs

kavez
puur

zebra
sebra

hrana za životinje
loomasööt

panda
panda

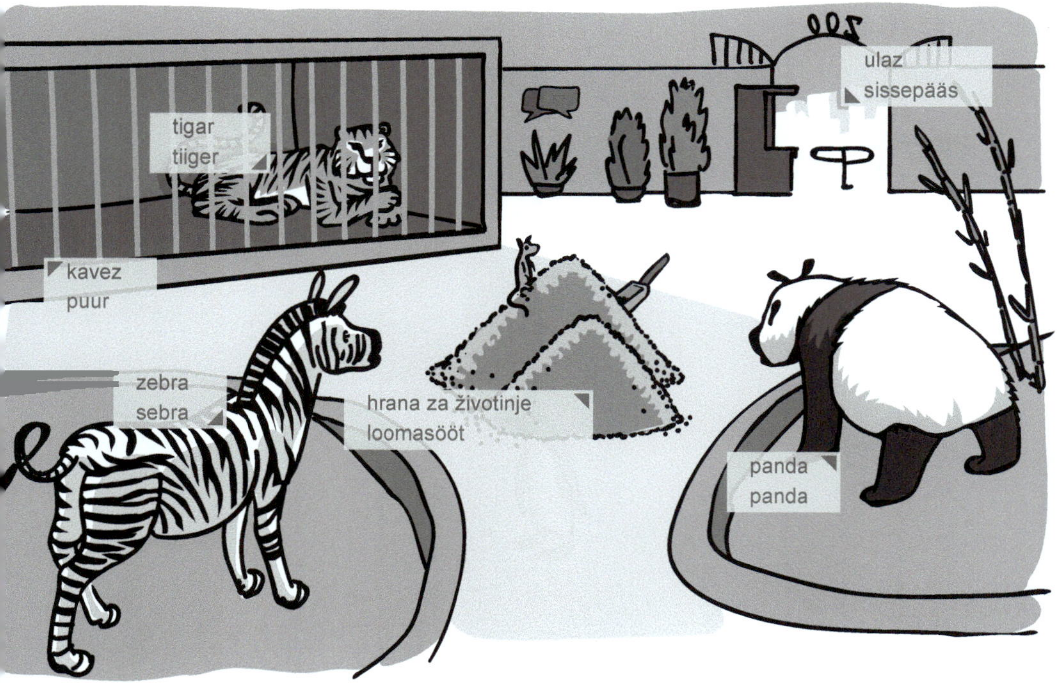

životinje

loomad

slon

elevant

kengur

känguru

nosorog

ninasarvik

gorila

gorilla

medved

karu

kamila

kaamel

noj

jaanalind

lav

lõvi

majmun

ahv

flamingo

flamingo

papagaj

papagoi

polarni medved

jääkaru

pingvin

pingviin

ajkula

hai

paun

paabulind

zmija

madu

krokodil

krokodill

čuvar u zoološkom vrtu

loomaaiatalitaja

tuljan

hüljes

jaguar

jaaguar

poni
poni

leopard
leopard

nilski konj
jõehobu

žirafa
kaelkirjak

orao
kotkas

divlja svinja
metssiga

riba
kala

kornjača
kilpkonn

morž
morsk

lisica
rebane

gazela
gasell

američki nogomet
Ameerika jalgpall

biciklizam
jalgrattasõit

tenis
tennis

košarka
korvpall

plivanje
ujumine

boks
poksimine

hokej na ledu
jäähoki

fudbal
jalgpall

badminton
sulgpall

atletika
kergejõustik

rukomet
käsipall

skijanje
suusatamine

polo
polo

aktivnosti
tegevused

skočiti
hüppama
zagrliti
kallistama
smejati se
naerma
ići
jalutama
pevati
laulma
sanjati
unistama
moliti se
palvetama
poljubiti
suudlema

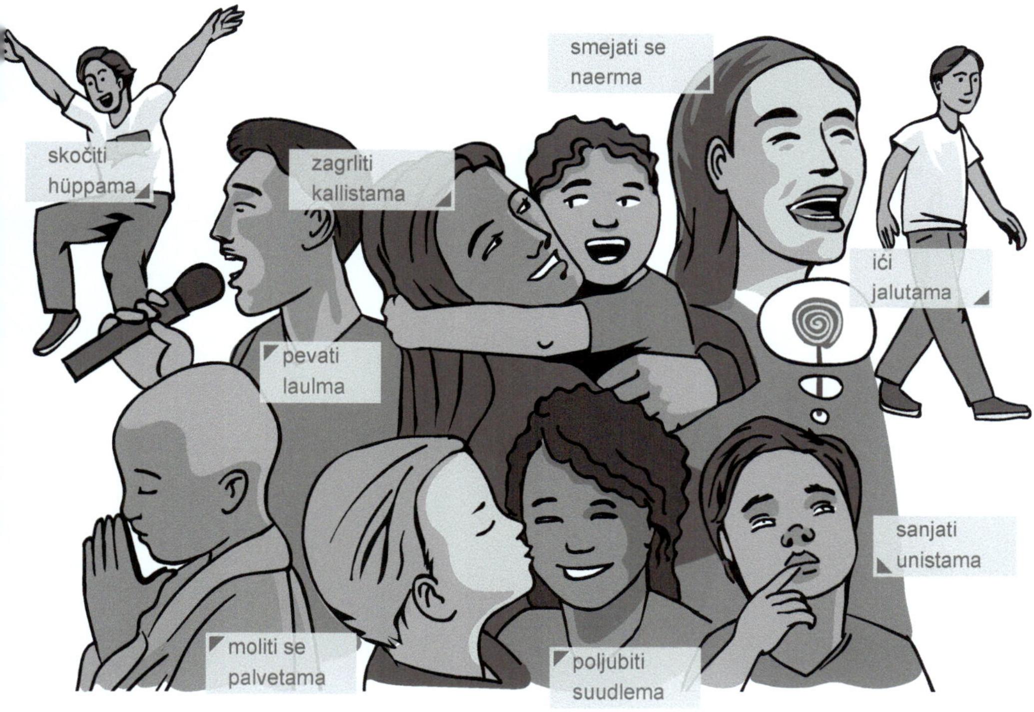

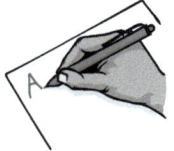

pisati
kirjutama

crtati
joonistama

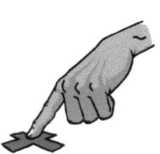

pokazati
näitama

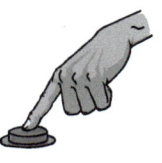

gurati
lükkama

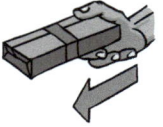

dati
andma

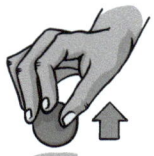

uzeti
võtma

imati
omama

činiti
tegema

biti
olema

stojati
seisma

trčati
jooksma

povlačiti
tõmbama

baciti
viskama

padati
kukkuma

ležati
lamama

čekati
ootama

nositi
kandma

sediti
istuma

oblačiti
riidesse panema

spavati
magama

probuditi se
ärkama

gledati
vaatama

plakati
nutma

milovati
paitama

češljati
kammima

govoriti
rääkima

razumeti
aru saama

pitati
küsima

slušati
kuulama

piti
jooma

jesti
sööma

pospremiti
korrastama

voleti
armastama

kuhati
süüa tegema

voziti
sõitma

leteti
lendama

ploviti

purjetama

računati

arvutama

čitati

lugema

učiti

õppima

raditi

töötama

venčati se

abielluma

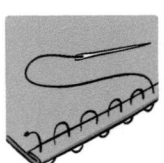

šiti

õmblema

prati zube

hambaid pesema

ubiti

tapma

pušiti

suitsetama

poslati

saatma

porodica
perekond

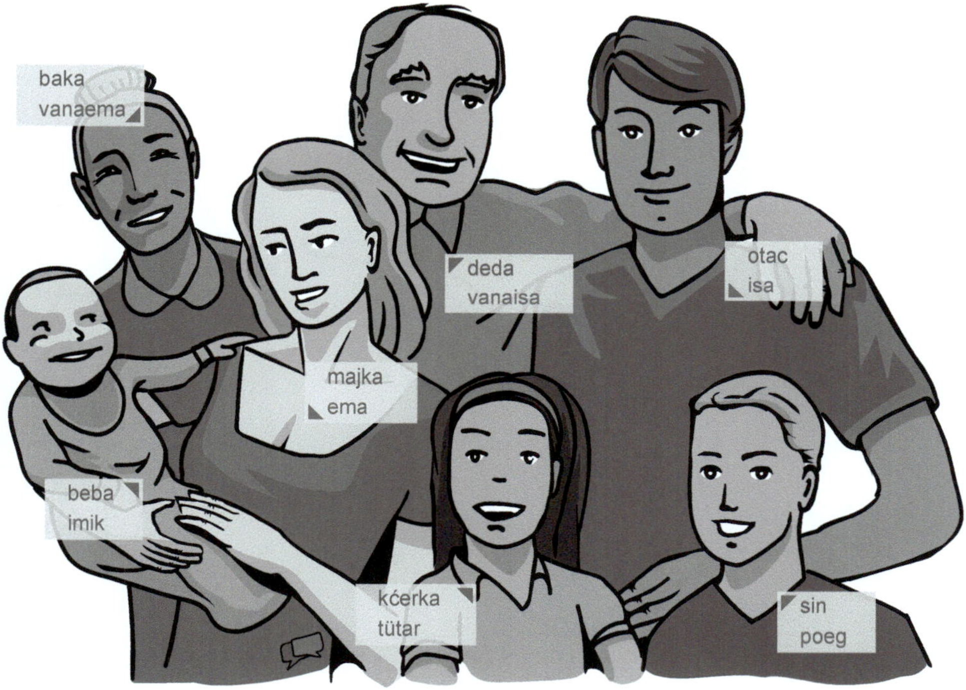

baka
vanaema
deda
vanaisa
otac
isa
majka
ema
beba
imik
kćerka
tütar
sin
poeg

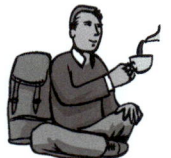

gost

külaline

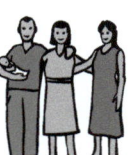

tetka

tädi

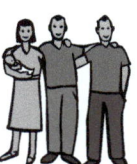

ujak, stric

onu

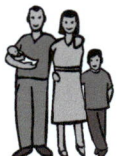

brat

vend

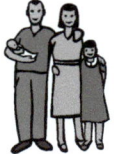

sestra

õde

telo
keha

čelo
otsmik
oko
silm
rame
õlg
prst
sõrm
lice
nägu
brada
lõug
ruka
käsi
grudi
rind
noga
jalg
ruka
käsivars

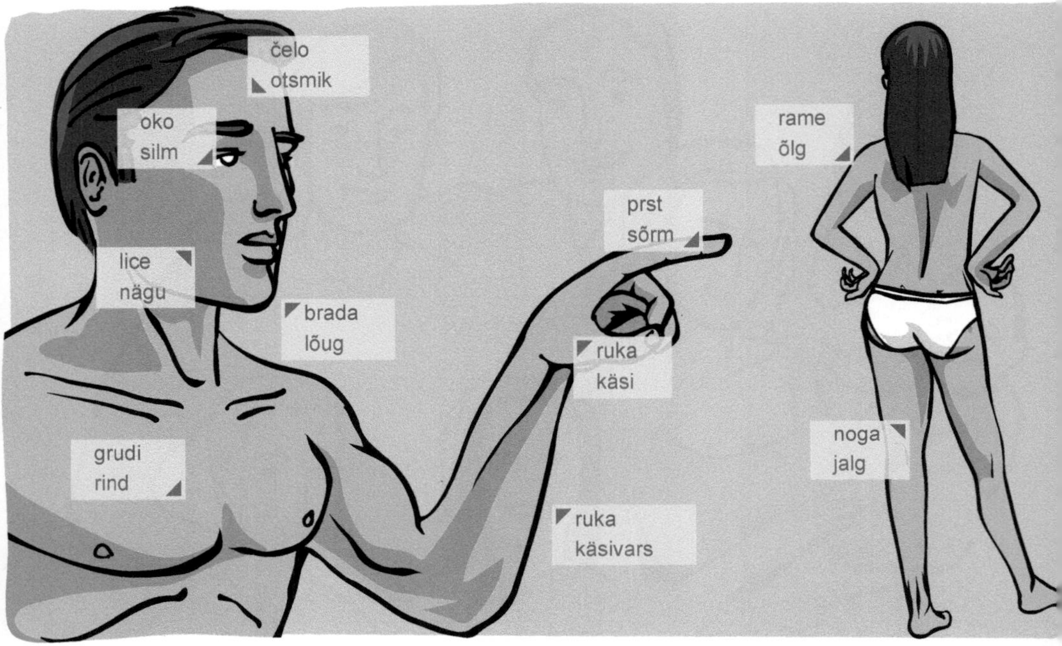

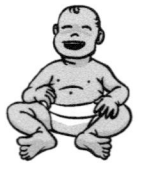

beba

imik

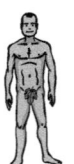

muškarac

mees

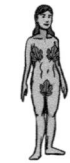

žena

naine

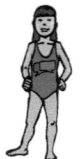

devojčica

tüdruk

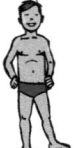

dečak

poiss

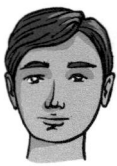

glava

pea

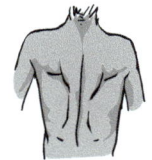

leđa
selg

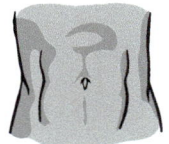

stomak
kõht

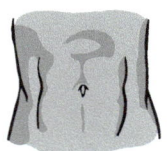

pupak
naba

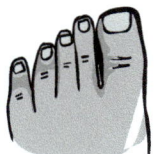

nožni prst
varvas

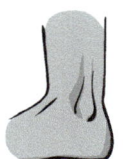

peta
kand

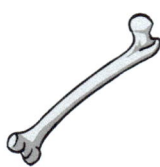

kost
luu

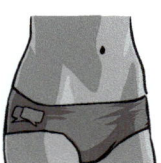

kukovi
puus

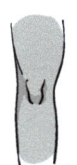

koleno
põlv

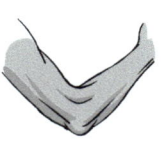

lakat
küünarnukk

nos
nina

zadnjica
tagumik

koža
nahk

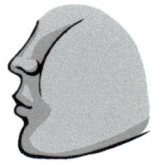

obraz
põsk

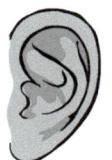

uvo
kõrv

usna
huuled

telo - keha

usta
suu

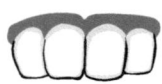

zub
hammas

jezik
keel

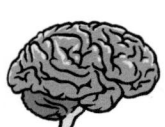

mozak
aju

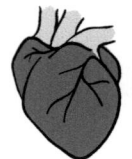

srce
süda

mišić
lihas

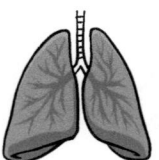

pluća
kops

jetra
maks

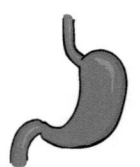

želudac
magu

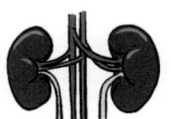

bubrezi
neerud

polni odnos
seksuaalvahekord

kondom
kondoom

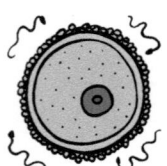

jajna ćelija
munarakk

sperma
sperma

trudnoća
rasedus

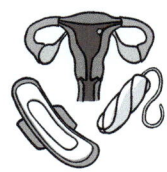

menstruacija

menstruatsioon

vagina

vagiina

penis

peenis

obrva

kulm

kosa

juuksed

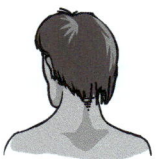

vrat

kael

bolnica
haigla

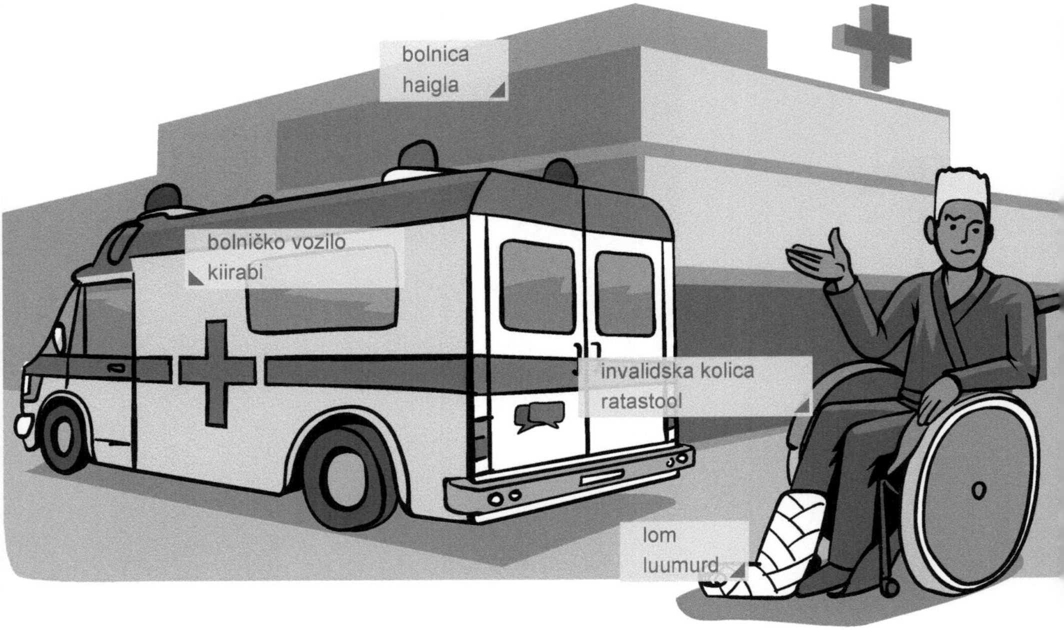

bolnica
haigla
bolničko vozilo
kiirabi
invalidska kolica
ratastool
lom
luumurd

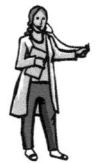

lekar
....
arst

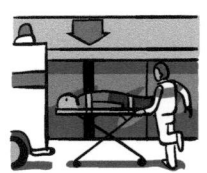

hitna medicinska služba
....
traumapunkt

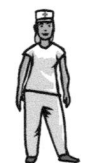

medicinska sestra
....
meditsiiniõde

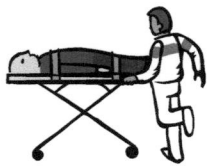

hitni slučaj
....
hädaolukord

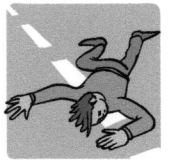

nesvest
....
teadvuseta

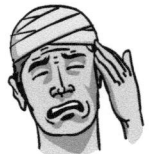

bol
....
valu

povreda

vigastus

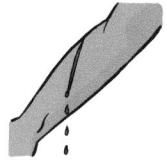

krvarenje

verejooks

srčani udar

südamerabandus

udar

insult

alergija

allergia

kašalj

köha

groznica

palavik

gripa

gripp

proliv

kõhulahtisus

glavobolja

peavalu

rak

vähk

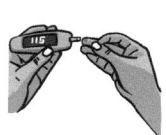

dijabetes

diabeet

hirurg

kirurg

skalpel

skalpell

operacija

operatsioon

ct
KT

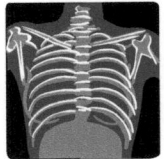

rentgen
röntgen

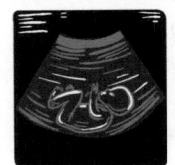

ultrazvuk
ultraheli

maska
mask

bolest
haigus

čekaona
ooteruum

štaka
kark

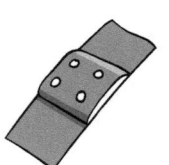

flaster
kips

zavoj
side

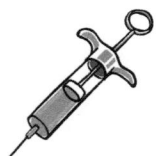

injekcija
süst

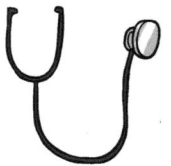

stetoskop
stetoskoop

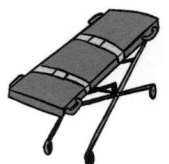

nosila
kanderaam

termometar
kraadiklaas

rođenje
sünd

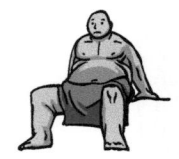

prekomerna težina
ülekaaluline

slušni aparat

kuuldeaparaat

sredstvo za dezinfekciju

desinfektsioonivahend

infekcija

põletik

virus

viirus

HIV / AIDS

HIV / AIDS

medicina

meditsiin

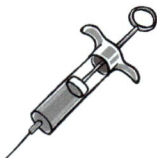

vakcinacija

vaktsineerimine

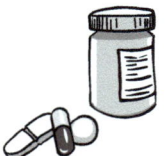

tablete

tabletid

pilula

pill

hitni poziv

hädaabikõne

uređaj za merenje pritiska

vererõhuaparaat

bolesno / zdravo

haige / terve

pomoć!

Appi!

alarm

häire

nasrtaj

kallaletung

napad

rünnak

opasnost

oht

izlaz u slučaju nužde

avariiväljapääs

požar!

Tulekahju!

protivpožarni aparat

tulekustuti

nezgoda

õnnetus

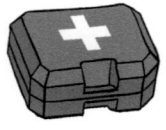

kutija prve pomoći

esmaabikomplekt

sos

SOS

policija

politsei

Evropa

Euroopa

Severna Amerika

Põhja-Ameerika

Južna Amerika

Lõuna-Ameerika

Afrika

Aafrika

Azija

Aasia

Australija

Austraalia

Atlantik

Atlandi ookean

Pacifik

Vaikne ookean

Indijski okean

India ookean

Antarktički okean

Lõuna-Jäämeri

Arktički ocean

Põhja-Jäämeri

Severni pol

põhjapoolus

Južni pol
lõunapoolus

Antarktik
Antarktika

zemlja
Maa

zemlja
maismaa

more
meri

otok
saar

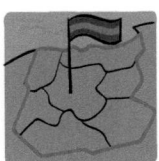

nacija
rahvus

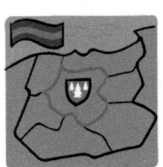

država
riik

brojčanik sata

sihverplaat

satna kazaljka

tunniosuti

minutna kazaljka

minutiosuti

sekundna kazaljka

sekundiosuti

Koliko je sati?

Mis kell on?

dan

päev

vreme

aeg

sada

praegu

digitalni sat

digitaalne kell

minuta

minut

čas

tund

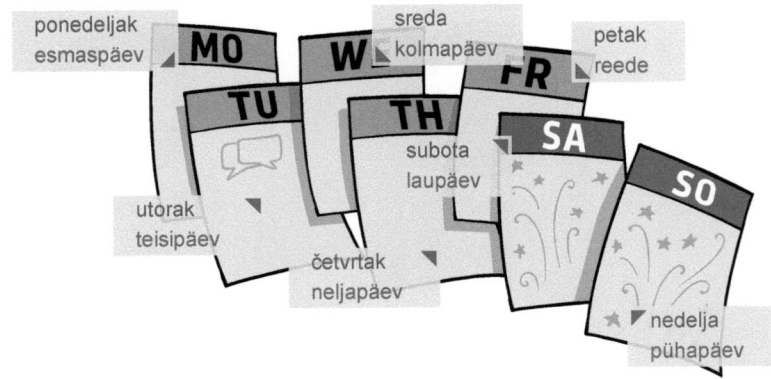

ponedeljak
esmaspäev

sreda
kolmapäev

petak
reede

subota
laupäev

utorak
teisipäev

četvrtak
neljapäev

nedelja
pühapäev

juče
eile

danas
täna

sutra
homme

jutro
hommik

podne
lõuna

veče
õhtu

MO	TU	WE	TH	FR	SA	SU
1	2	3	4	5	6	7
8	9	10	11	12	13	14
15	16	17	18	19	20	21
22	23	24	25	26	27	28
29	30	31	1	2	3	4

radni dani
tööpäevad

MO	TU	WE	TH	FR	SA	SU
1	2	3	4	5	6	7
8	9	10	11	12	13	14
15	16	17	18	19	20	21
22	23	24	25	26	27	28
29	30	31	1	2	3	4

vikend
nädalavahetus

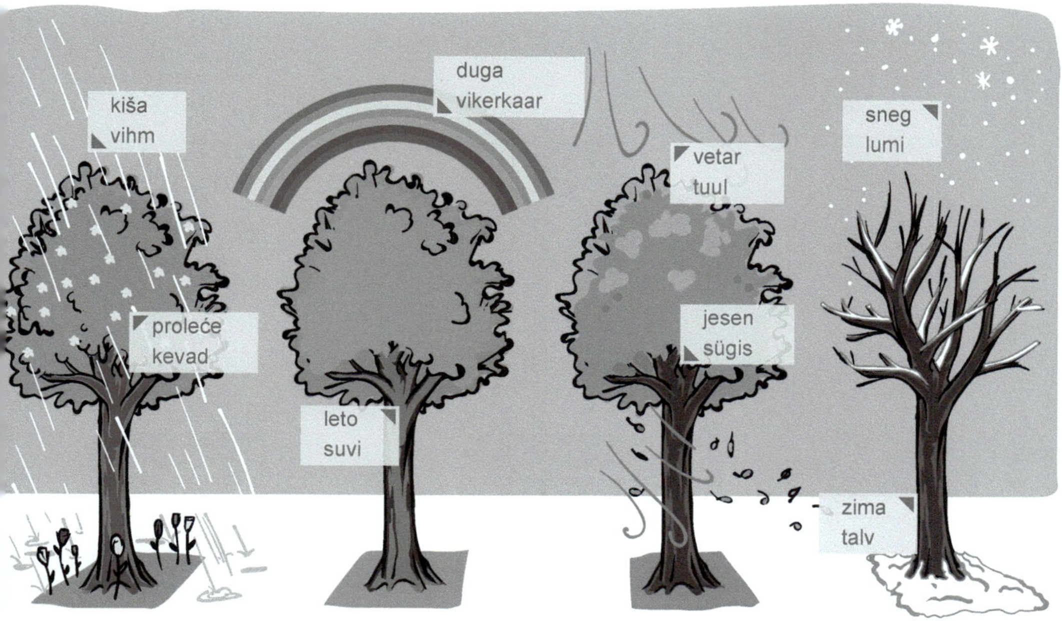

kiša
vihm
duga
vikerkaar
vetar
tuul
sneg
lumi
proleće
kevad
leto
suvi
jesen
sügis
zima
talv

4.APRIL 11°
5.APRIL 4°
6.APRIL 13°
7.APRIL 8°
8.APRIL 10°

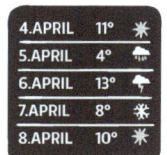

meteorološka prognoza
ilmaennustus

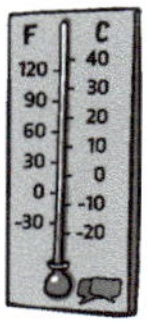

F
C
120
90
60
30
0
-30
40
30
20
10
0
-10
-20

termometar
termomeeter

sunčana svetlost
päikesepaiste

oblak
pilv

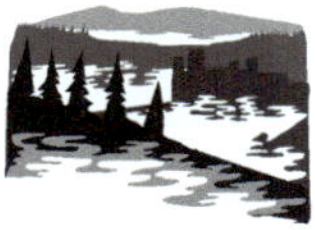

magla
udu

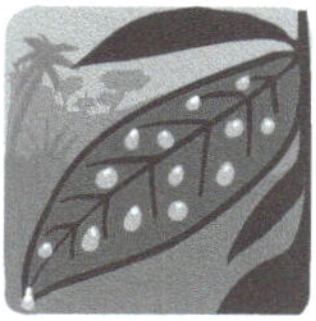

vlažnost vazduha
niiskus

munja
pikne

grmljavina
kõu

oluja
torm

tuča
rahe

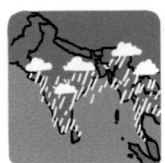

monsun
mussoon

poplava
üleujutus

led
jää

januar
jaanuar

februar
veebruar

mart
märts

april
aprill

maj
mai

juni
juuni

juli
juuli

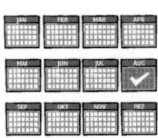

avgust
august

septembar
....
september

oktobar
....
oktoober

novembar
....
november

decembar
....
detsember

oblici

kujundid

krug
....
ring

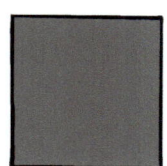

kvadrat
....
ruut

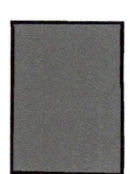

pravougao
....
nelinurk

trougao
....
kolmnurk

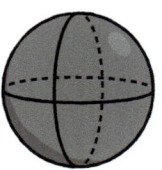

kugla
....
kera

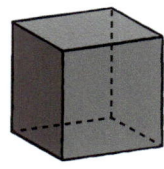

kocka
....
kuup

bela
....
valge

žuta
....
kollane

narandžasta
....
oranž

ružičasta
....
roosa

crvena
....
punane

ljubičasta
....
lilla

plava
....
sinine

zelena
....
roheline

smeđa
....
pruun

siva
....
hall

crna
....
must

mnogo / malo

palju / vähe

ljutito / mirno

vihane / rahulik

lepo / ružno

ilus / inetu

početak / kraj

algus / lõpp

veliko / maleno

suur / väike

svetlo / tamno

hele / tume

brat / sestra

vend / õde

čisto / prljavo

puhas / must

potpuno / nepotpuno

täielik / puudulik

dan / noć

päev / öö

mrtvo / živo

surnud / elus

široko / usko

lai / kitsas

jestivo / nejestivo

söödav / mittesöödav

zlo / dobro

kuri / sõbralik

uzbuđeno / dosadno

põnevil / tüdinud

debelo / mršavo

paks / peenike

na početku / na kraju

esimene / viimane

prijatelj / neprijatelj

sõber / vaenlane

puno / prazno

täis / tühi

tvrdo / mekano

kõva / pehme

teško / lagano

raske / kerge

glad / žeđ

nälg / janu

bolesno / zdravo

haige / terve

ilegalno / legalno

ebaseaduslik / seaduslik

pametno / glupo

tark / rumal

levo / desno

vasak / parem

blizu / daleko

lähedal / kaugel

novo / polovno

uus / kasutatud

ništa / nešto

mitte midagi / midagi

staro / mlado

vana / noor

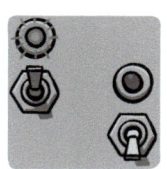

uključeno / isključeno

sees / väljas

otvoreno / zatvoreno

lahti / kinni

tiho / glasno

vaikne / vali

bogato / siromašno

rikas / vaene

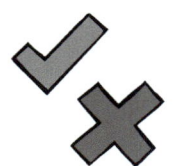

tačno / pogrešno

õige / vale

hrapavo / glatko

kare / sile

tužno / sretno

kurb / rõõmus

kratko / dugo

lühike / pikk

polako / brzo

aeglane / kiire

mokro / suho

märg / kuiv

toplo / hladno

soe / jahe

rat / mir

sõda / rahu

0

nula

null

1

jedan

üks

2

dva

kaks

3

tri

kolm

4

četiri

neli

5

pet

viis

6

šest

kuus

7

sedam

seitse

8

osam

kaheksa

9

devet

üheksa

10

deset

kümme

11

jedanaest

üksteist

12
dvanaest
kaksteist

13
trinaest
kolmteist

14
četrnaest
neliteist

15
petnaest
viisteist

16
šestnaest
kuusteist

17
sedamnaest
seitseteist

18
osamnaest
kaheksateist

19
devetnaest
üheksateist

20
dvadeset
kakskümmend

100
stotinu
sada

1.000
hiljadu
tuhat

1.000.000
milion
miljon

engleski

inglise

američki engleski

Ameerika inglise

mandarinski kineski

mandariini

hindski

hindi

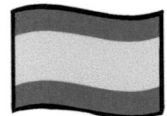

španski

hispaania

francuski

prantsuse

arapski

araabia

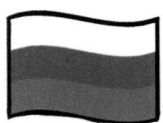

ruski

vene

portugalski

portugali

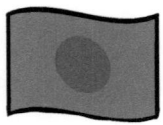

bengalski

bengali

nemački

saksa

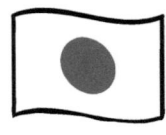

japanski

jaapani

ja
....
mina

ti
....
sina

on / ona / ono
....
tema

mi
....
meie

vi
....
teie

oni
....
nemad

Ko?
....
kes?

Šta?
....
mis?

Kako?
....
kuidas?

Gde?
....
kus?

Kada?
....
millal?

ime
....
nimi

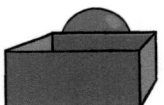

iza

taga

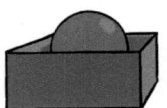

u

sees

ispred

ees

preko

kohal

na

peal

ispod

all

pored

kõrval

između

vahel

mesto

koht